Les îles de la
Bretagne

Texte et photographies **Bruno Barbier**

Editions OUEST-FRANCE

Bréhat et Batz

Un chemin du bourg à Bréhat, palmiers et fleurs sauvages.

A une petite encablure de Paimpol, **le Port-Clos, entrée maritime sur Bréha**

Bréhat, *l'île jardin*

Petites fleurs roses semées
par le vent.

Les plantes s'enracinent
dans le moindre interstice
de la roche.

Les terrasses du Bourg s'animent dès les premiers beaux jours.

Cernées par des roches inusables, **les maisons en granit du Bourg.**

On compare parfois cette île à l'Irlande. Bréhat rassemble deux îles séparées par un isthme étroit. Au sud, une île méditerranéenne avec ses petites maisons de pierre cernées de murets ; au nord, une terre fauve ponctuée de chaos de granit rose, et d'une mer aux teintes fascinantes. Quelques petites collines, un bois charmant et des sentiers oubliés en font le paradis des promeneurs.

A chaque carrefour, un bouquet fleuri.

Maisons basses, toits d'ardoises et solides murs de granit pour supporter les tempêtes d'hiver.

Toutes les recettes d'un lieu délicieux sont rassemblées ici : Criques et plages tranquilles, lacis de petits chemins, côtes torturées et climat clément. Après avoir donné naissance à des navigateurs intrépides et des corsaires hardis, Bréhat a attiré tout naturellement les écrivains, les poètes et les peintres impressionnistes séduits par ce jardin exotique et cette lumière si particulière.

Face à l'île Crouezen, la croix Saint-Michel.

Paysage d'un bonheur tranquille au Birlot.

Dans les eaux du Birlot, un ancien moulin à marée récemment restauré.

La Capri de l'Atlantique

Le pont Ar Prat sépare l'île nord de l'île sud.

Au milieu des roches roses, **le phare du Paon a emprunté son nom au breton *penn* qui signifie extrémité.**

Une ceinture de granit rose

Côte déchiquetée façonnée par les assauts de la mer.

Les contours capricieux de l'île offrent de jolis mouillages.

Fracassée par des roches violentes, la mer se transforme en bain de mousse.

Le sémaphore avec ses flèches et ses antennes surveille la mer.

Tout au long de l'année, **le Gulf Stream assure à Bréhat une température douce.**

Bréhat qui offre surtout ses couleurs, ses formes compliquées et l'expression rude de son granit ne laisse guère le temps de saisir les nuances d'un héritage celtique ancré au plus profond de l'âme. Ici fut fondé le premier monastère de la Bretagne armoricaine et les légendes d'un autre temps continuent à alimenter le mystère de cette île.

Le clocher de l'église paroissiale surgit des toits d'ardoises du village.

A quelques minutes de Roscoff, l'île de Batz étire sa quiétude dans la mer du nord Finistère. De belles plages de sable blanc, un bourg coquet et un climat doux. Loin de l'agitation et du bruit, cette terre offre un havre de paix pour les promeneurs et les rêveurs séduits par l'authenticité et la beauté de ses paysages. Elle tient son nom du bâton (*batz*) utilisé par Paul Aurélien pour débarrasser l'île d'un dragon.

Côté sud, les anses offrent des mouillages sûrs aux plaisanciers et aux pêcheurs.

Les maisons aux façades éblouissantes sont cernées de plantes exotiques.

Moment de quiétude dans les anses à marée basse.

Sagement alignées face au midi, les maisons blanches du bourg.

Batz
L'île et son bourg

Une petite anse bordée de sable blanc sur la côte sud.

Des rangées de pommes de terre prêtes à être récoltées.

Ces solides chevaux étaient attelés autrefois aux charrettes qui allaient charger les algues.

La Grève Blanche, du sable fin et des eaux cristallines.

Vu du ciel, le patchwork des cultures maraîchères.

Récolte du goémon à marée basse sur la Grève Blanche.

L'île est un véritable jardin potager qui produit toute l'année des pommes de terre, des endives, des salades ou des endives. La température clémente et les engrais marins en accroissent la précocité et les rendent plus goûteux. Les hommes cultivent aussi la mer en récoltant le goémon. Cette grande diversité d'algues sert aussi bien à fabriquer des engrais qu'à l'industrie des cosmétiques.

Georges Delaselle, un assureur parisien fou d'exotisme, décide en 1897 de créer un jardin colonial sur l'île de Batz. Aujourd'hui, un groupe de bénévoles passionnés continue à faire vivre ce rêve végétal. La collection botanique compte plus de mille cinq cents espèces originaires de tous les continents. On y trouve, parmi les aloès et les agapanthes, des espèces très rares de palmiers.

La majorité des plantes proviennent de l'hémisphère Sud.

Les cactées trouvent ici la même douceur climatique que dans le bassin méditerranéen.

En lisière du jardin Delaselle, **une rangée de pins protecteurs.**

L'île est un paradis pour les plantes tropicales (en haut) ; **un bassin du jardin Delaselle** (en bas).

Le rêve exotique du jardin Delaselle

Ouessant et Molène

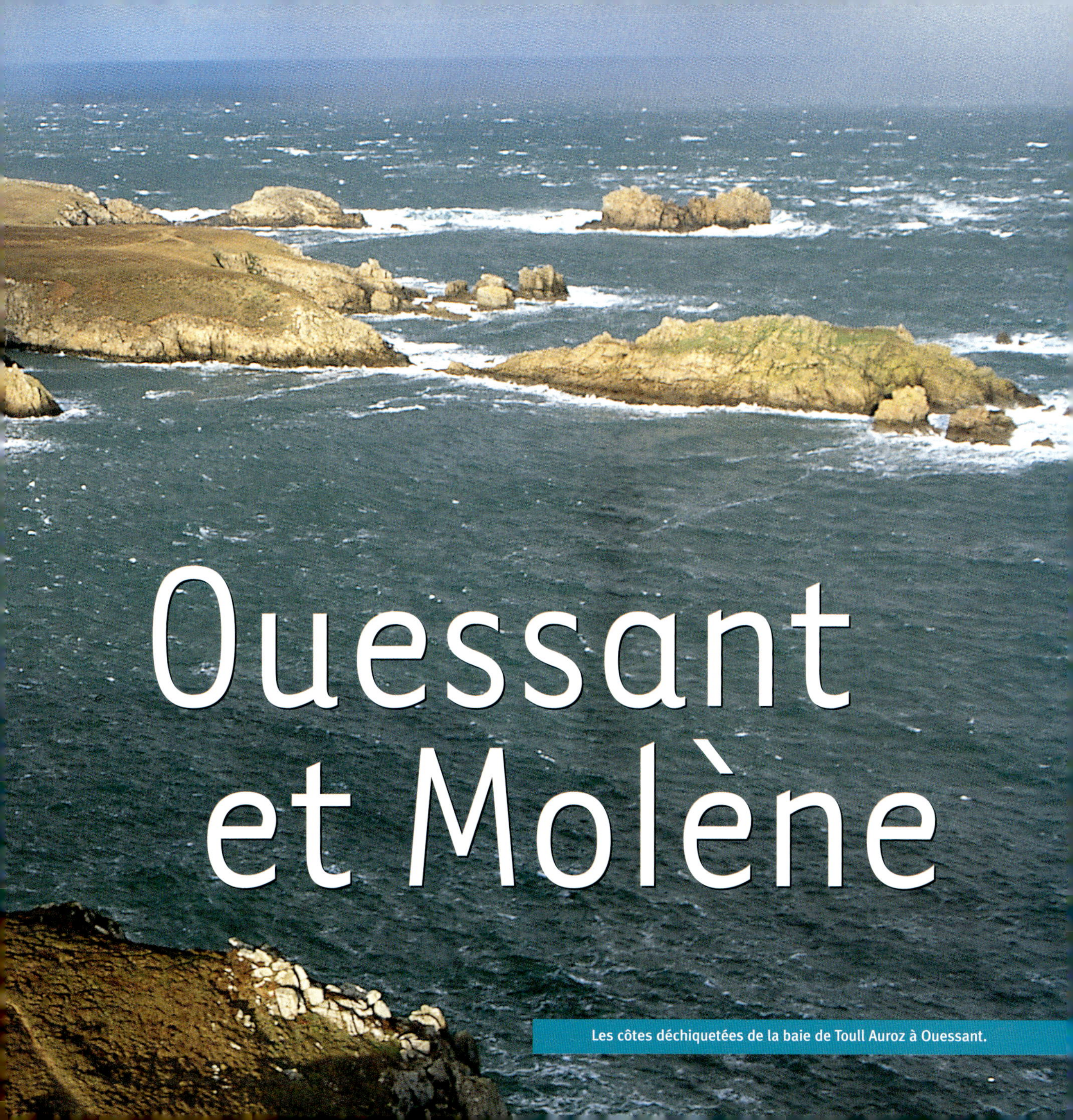

Les côtes déchiquetées de la baie de Toull Auroz à Ouessant.

Les rochers de Porz Men un jour de tempête.

Ouessant, *l'île sentinelle*

Village de Lampaul, la capitale de l'île avec son clocher effilé offert par la reine Victoria.

Face à Lampaul, la plage de Corz protégée par une baie profonde.

Les rochers de Penn Ar Ru Meur face à l'île de Keller.

Dernière sentinelle de la France, Ouessant monte la garde au carrefour de la Manche et de l'Atlantique. C'est la terre des remous, des tourbillons des écueils et du pilonnage des vagues à l'assaut des falaises. « Qui voit Ouessant voit son sang », disaient les marins. Par tradition, les hommes partent à la mer ; les épouses restent à terre. C'est ainsi qu'on l'a appelée « l'île des femmes ».

Les marins d'Ouessant affrontent l'une des mers les plus dangereuses de la planète.

La côte ouest d'Ouessant, une mer semée d'écueils.

La maison du Niou-Uhella est devenue un écomusée, le premier en France, installé en 1968 dans deux maisons traditionnelles au nord de la route qui va de Lampaul au phare. On a reconstitué ici un habitat ouessantin tel qu'il était au milieu du XIXe siècle. L'espace est distribué de façon utilitaire. Un long couloir avec armoires et coffres à grains dessert d'un côté une pièce à vivre, de l'autre une pièce de réception.

Orientée est-ouest pour se protéger des vents du large, **la maison ouessantine est bâtie en granit avec de petites ouvertures.**

Des vaisseliers encadrent une cheminée.

La vierge protectrice des marins est présente dans chaque pièce d'une maison traditionnelle.

Un lit clos et un berceau d'enfant dans une pièce à vivre.

Le lit clos permettait de se protéger du froid et de l'humidité.

Le musée des Traditions ouessantines

Le mouton est une tondeuse à gazon.

Une fois par an, en février, on rassemble les moutons

Des fermes anciennes du côté de **Feunteun Vélen**.

L'ancien moulin à grain de Caraes. A Ouessant, les ailes ne manquaient pas de vent.

Chaque mouton porte sa marque.

Une fois par an, on rassemble les moutons qu'on a laissés en liberté sur les landes sauvages. Mais les moutons noirs d'Ouessant, considérés comme les plus petits ovins du monde, ont disparu de l'île entre les deux guerres. Les moutons actuels, jugés plus efficaces économiquement sont arrivés par accident en 1936, lors du naufrage du cargo *Mykonos*, près de Galgrac'h : les béliers ont alors pris pied sur l'île et s'y sont reproduits.

La foire aux moutons dans les prés d'Ouessant.

La côte découpée de la pointe de Roc'h Hir.

Les Ouessantins ont un rapport particulier avec l'océan qui les entoure, les fait vivre et parfois les plonge dans le malheur. Aujourd'hui, ils pêchent peu mais ils naviguent dans la marine marchande ou la Royale. Ils sont aussi aux avant postes du rail d'Ouessant, autoroute des grands bateaux et de tous les dangers. Par tradition, une petite croix de cire (*broëlla*) symbolise le corps d'un péri en mer.

Tombeau d'un ancien recteur d'Ouessant dans le cimetière de Lampaul.

Détail du costume. La coiffe et le châle vus de dos.

La fête-Dieu, préparation des motifs de fleurs sur les rives au passage de la procession.

La sobriété du costume ouessantin répond à la sévérité du climat et du paysage de l'île.

Chaque année, on se recueille face à la mer

Messe pour les marins et bénédiction de la mer au mois d'août.

Le Creac'h, haut de 55 m, est doté d'une optique dont le plan focal se situe à 68 m au-dessus des hautes mers.

L'île des phares

Le phare du Stiff est composé de deux tours tronconiques accolées.

Ouessant est l'île des phares. D'abord, le Stiff, l'un des plus anciens de France, bâti sous Louis XIV, puis le Creac'h qui est l'un des plus puissants du monde et balise l'une des routes les plus fréquentées de l'Atlantique. Le Nividic et la Jument sont des phares en mer battus par toutes les tempêtes. Ici, les exploits des gardiens ont alimenté l'histoire héroïque des gens de mer. Tous ces phares sont aujourd'hui automatisés.

Le musée des Phares et Balises installé dans l'ancienne salle des machines de la centrale électrique du phare du Creac'h (en haut). Balises de navigation (en bas).

La lanterne rouge du phare du Stiff.

Les marins de l'île prennent le soleil sur les quais de Molène.

Entre la pointe Saint-Mathieu et l'île d'Ouessant, l'archipel de Molène étire son chapelet d'îlots verts, bordés de plages de sable blanc. Les champs d'algues et les fonds sablonneux donnent aux fonds sous-marins une véritable palette de teintes transparentes. Ici, toute l'année, la seule heure qui compte, c'est l'heure solaire. C'est simple, l'heure du lever et du coucher est dictée par le soleil.

Tableau noir des sorties au secours.

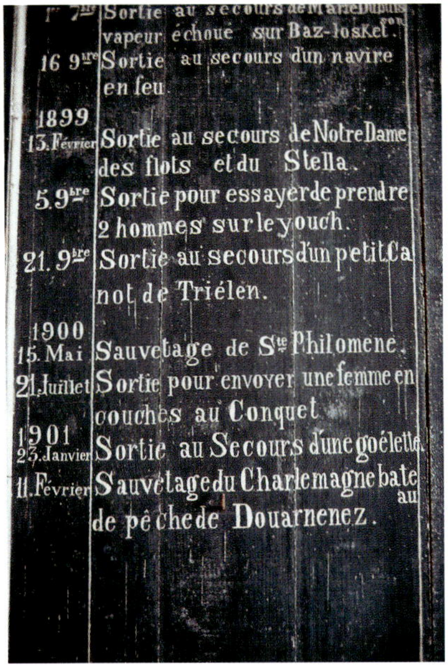

Rassemblement des actes d'héroïsme à l'Abri du canot de sauvetage.

Les barques de pêche au mouillage dans une anse tranquille face au bourg.

Molène, *une poignée de cailloux*

Comme Ouessant, l'archipel de Molène possède le label « Réserve de la Biosphère ».

Sein

Les quais de l'île de Sein et le feu d'entrée du port.

Les maisons blanches de Sein lovées autour de l'église Saint-Guénolé.

La rampe de la station de sauvetage au pied du feu de Men Brial.

Le quai des Français-Libres avec ses jolies façades colorées.

Sein, *l'île troublante*

Barques de pêche remontées sur les quais de Sein.

Composée de deux landes de terre et de granit reliées par un isthme, cette île minuscule – 3 km de long, quelques centaines de mètres de large – est au ras de l'eau et face à tous les dangers. Parfois, comme en 1887, la mer passe par-dessus l'île. La vie est rude ; les tempêtes y sont redoutables. Tout cela a donné aux Sénans une énergie farouche. « Qui voit Sein, voit sa fin », dit-on.

La coiffe traditionnelle a été adoptée lors d'une épidémie survenue au début du XXe siècle.

M. **Jean Fouquet,** vétéran de la France Libre.

« Le soldat qui ne se reconnaît pas vaincu a toujours raison. » Cette phrase gravée dans le granit sur le monument aux Sénans Libres célèbre l'épopée exceptionnelle des hommes de l'île qui sont partis si nombreux rejoindre les rangs de la France Libre pour participer aux combats de la libération. En breton, on a ajouté « Kentoc'h mervel » (Plutôt mourir).

Le monument en granit aux Sénans Libres.

Le drapeau de l'île de Sein décoré de la croix de Compagnon de la Libération, de la médaille de la Résistance et de la croix de Guerre.

Maire en tête, les Sénans partent chaque 18 juin commémorer l'appel à la Résistance.

L'île de toutes les résistances

Appel aux morts aux monuments aux Sénans Libres.

La grève de l'île de Sein chargée de galets façonnés par la mer.

Le phare de l'île de Sein avait été dynamité par les Allemands en 1944. Il fut reconstruit à l'identique près la guerre, mais les îliens qui avaient conservé des pierres de l'ancien phare en remirent une au général de Gaulle lors de sa visite à Sein en 1946. Il est situé près de la crique de Porz An Dilogog, au nord-ouest de l'île. Dans ses dépendances, on a installé une usine électrique et un centre de dessalinisation.

Le phare ayant été détruit par les Allemands lors de la Seconde Guerre mondiale, une pierre fut donnée symboliquement au général de Gaulle.

Vue aérienne de l'île.

Feu blanc à quatre éclats

Le bourg de Sein vu de la lanterne du phare.

Détail de la lanterne du phare.

En passant par les Glénan

Groix

La plage des Grands Sables, parfois considérée comme la seule plage convexe d'Europe.

Les môles de Port-Tudy bordés d'anciennes maisons d'armateur.

Les bassins de Port-Tudy accueillent de nombreux bateaux de plaisance.

Chalutiers au mouillage à Port-Tudy.

Groix, *l'épopée du thon*

Au début du XXe siècle, le quart des Groisillons « naviguait au thon ». Une activité qui faisait la fortune des armateurs et des capitaines. L'île en a conservé des traces vivantes jusqu'à la flèche du clocher de l'église. La fortune du thon s'est évaporée avec l'arrivée du monde moderne et du chalutage à vapeur après la guerre. Mais l'île a conservé une atmosphère charmante qu'elle offre aux touristes.

Chalutiers levant l'ancre pour la marée à Port-Tudy.

Les côtes sont mieux surveillées et par bonheur **les naufrages – comme ici le *Sanaga* sur la côte de Locmaria – sont rares.**

L'île de Groix offre des plages magnifiques bien à l'abri des vents d'est et de sud-est. Ses sables viennent de l'usure des roches métamorphiques et sont parfois mêlés de galets. Face au large, la côte est plus abrupte. La mer y a longuement sculpté des aiguilles et des grottes. Quelques criques sont des abris rêvés pour les voiliers et les bateaux de pêche. La terre foisonne d'ajoncs, de bruyères et d'une lande colorée.

Les maisons de Locmaria en bord de sa plage. C'était autrefois le village le plus peuplé de l'île.

Le phare de la pointe des Chats construit en 1898 au milieu de fortifications du XVIIe siècle.

La plage des Grands Sables et sa mer accueillante un jour d'été.

Protégé par un rideau de rochers, un hameau aux maisons blanches.

Une côte d'anses et de criques

Port-Lay, si petit et si beau.

Vues du ciel, **les maisons basses coiffées d'ardoises du Bourg regroupées autour de l'église paroissiale.**

Sur les hauteurs du port

Façade colorée d'une maison de ville construite à la grande époque du thon.

On prétend que son nom vient d'« Enez Er Coac'h », qui signifie l'île de la Sorcière. On dit aussi que saint Tudy chassa les druidesses qui habitaient l'esprit de ses habitants. Enfin, on pense que les Romains sont passés par là, ainsi que tous les envahisseurs de l'Armorique antique. Tout cela fait une grande histoire pour une petite île qui en garde jalousement la mémoire.

Unique en France, le thon au sommet de l'église de Port-Tudy.

Statue de Jean-Pierre Calloc'h, célèbre poète de l'île.

Gisant d'un ancien recteur de l'île de Groix dans le cimetière du Bourg.

Le dundée *Marie-Héloïse* à la drague d'hiver (chalut à perche), dessin réalisé par Paul-Émile Pajot pour le patron du bateau *Anatole Penhoët* en 1904.

Portrait du poète groisillon Jean-Pierre Calloc'h (1888-1917), gravure sur bois par Xavier Langlais. Cliché Écomusée de Groix.

L'écomusée

Compas liquide, utilisé à bord de la *Liane*, chalutier à vapeur lorientais commandé par un Groisillon, Victor Guillaume, d'octobre 1938 à février 1940.
Cliché Écomusée de Groix.

Pinces de crabe transformées en jouets.
Cliché Écomusée de Groix.

L'Ecomusée de l'île de Groix, labellisé « Musée de France », est situé dans l'ancienne usine à thon Romieux, face à l'embarcadère de Port-Tudy. Ses 700 m² de salles d'expositions permanentes, dont les collections se sont constituées en grande partie grâce aux dons de plus de trois cent cinquante familles de l'île, proposent au visiteur un parcours axé sur le patrimoine et la vie d'une communauté insulaire, depuis les périodes archéologiques jusqu'à l'apogée d'une île qui fut le premier port d'armement thonier français de 1870 à 1940.

***Port-Tudy*, huile sur bois par Roger Chapelet, 1947 ;**
œuvre réalisée pour le paquet *Groix*. Cliché Écomusée de Groix.

Boîtes de conserve de Groix (usines Orvoën et Tristan Calloch).
Cliché Écomusée de Groix.

Les îles

du Golfe

Le golfe du Morbihan abrite quelques dizaines d'îles. Certaines ne sont guère plus grandes que la maison qu'on y a bâtie.

Entre l'étang du Moulin et la mer, on a construit sur cette digue – sans doute au XIIIe siècle – un moulin à marée.

Arz,
l'île des capitaines

A marée basse, les barques s'échouent sur **l'étang du Moulin.**

A l'heure des basses eaux (ci-dessus et en bas), **des rias se forment dans la lagune de l'étang du Moulin.**

Quelques belles maisons de capitaines subsistent pour rappeler le passé maritime de l'île, mais cette lande de terre perdue dans le golfe du Morbihan est surtout le paradis des promeneurs. Un chemin côtier fait le tour du littoral. Un panorama à perte de vue sur le golfe, des anciens marais salants où viennent nicher les oiseaux migrateurs et des plages tranquilles.

Grâce à une rénovation, **ce moulin à marée du XIIIe siècle** est l'un des seuls en France à fonctionner à l'identique.

Le Bourg est bordé de maisons au charme certain.

L'église Notre-Dame est un édifice roman très largement remanié au cours des siècles.

Vu du ciel, le cairn est à peine visible en lisière des terres cultivées.

Gavrinis, *l'île mystérieuse*

Ce qui distingue le monument de Gavrinis de tous les dolmens que j'ai vus, c'est que presque toutes les pierres composant ses parois sont sculptées et couvertes de dessins bizarres impossibles à décrire », écrivait Prosper Mérimée, inspecteur des Monuments historiques, lors de son passage en 1836. Aujourd'hui, ce chef-d'œuvre vieux de 5000 ans garde encore bien des mystères.

Sur 29 dalles formant les parois, 23 sont ornées dont 21 presque totalement recouvertes.

Les maisons de Locmiquel tournées vers les eaux calmes du golfe.

Ce chantier maritime de l'île aux Moines est réputé pour la restauration des vieux gréements.

Un jour d'été, une terrasse animée de Locmiquel.

Le charme discret de l'île aux Moines

Elle se nomme Izenah en breton. C'est la plus grande île du golfe du Morbihan. Le géographe Ogée disait en 1843 qu'elle respirait autant l'aisance et le bonheur que ses habitants. Ses villas néo-gothiques, ses maisons blanches cernées de jardins discrets, ses parfums de pins et de mimosas provoquent encore la même séduction. Hors des grandes migrations, un bras de mer franchi en quelques minutes la préserve des agitations de la côte.

Sur la grève de Port-Lerio, les barques de pêche échouées à marée basse.

Belle-Ile-en-Mer

Houat et Hœdic

Spectacle grandiose de Port-Goulphar et de son labyrinthe de pics et de rocs.

Le port est dominé par les fortifications de la citadelle.

Le Palais, capitale de **Belle-Ile**

Des hôtels se sont installés sur les quais de l'avant-port pour accueillir les premiers voyageurs.

Vus des murailles, l'église Saint-Géran et les maisons qui bordent le bassin.

Retour de chalutiers après la pêche.

Le bassin de plaisance vu de l'Ecluse.

Le Palais est un grand village tourné vers la mer. Sa succession de quais aux façades colorées donne à la ville une allure pimpante. Les maisons bien alignées comme une armée en marche ne sont guère antérieures à la fin du XVIIe siècle puisque Vauban fit démolir une bonne partie de la ville basse pour agrandir les fortifications de la citadelle. Certaines sont remarquables et portent encore le souvenir des activités du port

Au fond du port, le quai Vauban tourne le dos à la mer.

Les plans de Vauban sont ambitieux : aménagement du corps de place en une seule crête de feu et remaniement des fossés. Pendant près d'un siècle, la forteresse résiste bien aux multiples attaques des escadres hollandaises ou anglaises. Mais en 1761, la flotte de l'amiral Keppel, forte de vingt bâtiments et de près de vingt mille hommes, attaque les trois mille hommes de la garnison et prennent l'île malgré une résistance farouche.

Au XIXe siècle, Belle-Ile est consacrée « place de première classe ».

Les murs de la poudrière ont une profondeur qui varie de 3 à 5 m.

La voûte pouvait résister à tous les bombardements.

M. et Mme André Larquetoux ont fait le pari audacieux de restituer à la citadelle toute sa splendeur.

L'arsenal et le logis du Gouverneur sont enfouis sur un jardin de buis et de conifères.

La plus belle citadelle du royaume

Mathurin Méheut (1882-1958).
Pêcheurs de sardines en canot.
Détrempe sur toile, 1952.

Rochers à Belle-Île. Dessin de Claude Monet (1840-1926), lithographié par Georges-William Thornley (né en 1857).

Georges Clairin (1843-1919). *Portrait de Sarah Bernhardt en colère*. Gouache réalisée sur le couvercle de son carton à chapeau, 1912.

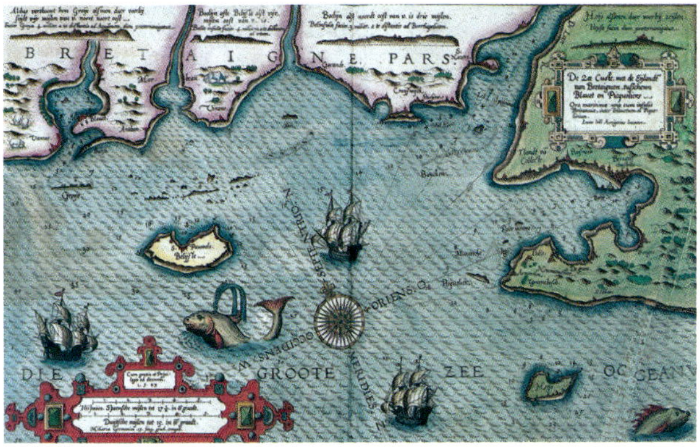

Atlas Waghenaer, 1583.

Le musée

Le musée de la citadelle répartit ses œuvres d'art et documents en deux pôles : une galerie historique fait voyager le visiteur dans la très riche histoire de Belle-Île, à la rencontre de Nicolas Fouquet, de Vauban, des Acadiens, de Sarah Bernhardt et des artistes venus à la suite de Claude Monet, mais aussi du quotidien des Bellilois d'hier… tandis que la charpente deux fois centenaire de l'arsenal de la citadelle abrite les prestigieuses collections d'une salle de la marine où voisinent modèles réduits de navires, cartes anciennes et souvenirs de navigateurs…

L'Etoile, flûte commandée par M. de Bougainville.
Maquette de Pic, ingénieur de Louis XV, 1754.

Les Aiguilles de Port-Coton. Victor Hugo se demandait comment tiennent ces bâtisses vertigineuses.

« Pour peindre la mer, disait Claude Monnet, il faut la voir tous les jours… et au même endroit. » Venu ici pour deux semaines, il y restera deux mois. Le peintre pose tous les jours son chevalet face à l'océan. Belle-Île lui inspire trente-neuf toiles de la côte sauvage. Il peint sans compter ses sites favoris : six fois les Aiguilles de Port-Coton, trois fois le Rocher du Lion, trois fois Port-Goulphar.

La côte du Grand Guet est hérissée d'îlots rocheux et de murailles.

Port-Gouphar et son bataillon de gros rochers battus par la mer.

Les chefs-d'œuvre terribles de l'ouragan et de l'océan

Port-Coton doit son nom au bain d'écume blanche provoqué par le ressac violent.

Belle et dangereuse comme le diable, la grotte de l'Apothicairerie ne se visite plus.

Une côte à grand spectacle

Les solitudes troublantes de cette côte annoncent les grandes espaces où des escadrilles d'oiseaux blancs vibrionnent dans l'azur. Des colonies d'oiseaux marins viennent nicher dans quelques îlots verdoyants à peine séparés des roches infernales. Le site est étourdissant avec ses grottes, ses marmites et ses falaises démesurées. Un monumental délire minéral.

Les rocs de Port-Coton émergent d'une marmite bouillonnante.

Le village de Bangor.

É vangélisé par des moines venus d'Irlande, le village de Bangor est planté au cœur de l'île, au carrefour de tous les vents. De loin, il ressemble à un essaim de petites maisons blanches blotties autour d'un clocher pointu. Bien abrité des vents d'ouest, le bourg de Locmaria est l'un des plus anciens de l'île ; il est protégé par un fortin et une batterie du XVIIe siècle.

Les vitaux de Locmaria sont dédiés à la mer et à des représentations de la vie belliloise.

Consacrée par Guirec, évêque de Nantes, **l'église Notre-Dame-de-l'Assomption est la plus originale de l'île.**

L'apparence actuelle de Bangor date de l'afféagement de l'île.

Des villages aux traditions intactes

Sur la route qui mène à Le Palais, les maisons pimpantes du hameau de Ramonette.

Un petit phare accolé à l'hôtel du même nom ouvre l'entrée du port.

Port Sauzon, le port bonheur

Abrité du large sur la rive gauche d'une longue ria, **le port de Sauzon**..

Le port étale ses petites maisons qui se reflètent dans un miroir d'eaux lisses.

Toutes les couleurs du village sont contrôlées par les Bâtiments de France.

Le décor presque trop beau de Sauzon a séduit la plupart des peintres, sauf Monnet. Son image sert encore pour donner aux publicités un résumé du bonheur marin. Inondés l'été par une foule venue se plonger dans l'atmosphère iodée d'un Saint-Tropez breton, les quais dispensent avec retenue quelques crêperies, une poignée de restaurants et des marchands de souvenirs.

Face au quai, l'église Saint-Nicolas.

A marée basse, les canots échoués sur la vase de la ria de Sauzon.

Aux portes de l'océan

A Belle-Ile, la pêche locale est naturellement variée. Chaque jour, les chalutiers de Palais ou de Sauzon rapportent des poissons encore vivants (soles, rougets, bars de ligne, maquereaux, sardines), des coquillages et des crustacés. Mais l'âge d'or de la sardine, de ses grandes flottilles et de ses conserveries s'est achevé dans une longue agonie au XXe siècle.

L'Aiglon des Mers lors d'une de ses dernières sorties dans le port de Palais.

A Sauzon, les drapeaux multicolores des casiers à homards.

Départ pour une partie de mer des quais de Sauzon.

Un chalutier moderne avec ses filets et ses enrouleurs dans le bassin du port de Palais.

Le pouce-pied,
sa pêche est réglementée
par des quotas.

Les anciens casiers à homards en bois et en osier.

Dans un décor grandiose et inquiétant, le fort de Sarah Bernhardt affronte les grandes tempêtes de l'hiver.

Le fabuleux fortin de Sarah

Au musée de la Citadelle, un bijou porté au théâtre par la tragédienne.

Au fort des Poulains, l'actrice mène une vie joyeuse et excentrique.

Excursion sur la côte : on distingue notamment, debout derrière Sarah Bernhardt, son fils Maurice s'appuyant sur l'épaule de Reynaldo Hahn.

En 1893, Sarah Bernhardt remarque à la pointe des Poulains un fortin militaire désaffecté dont elle s'entiche aussitôt. C'est le coup de foudre. Elle en fait l'acquisition pour 65 000 francs et entreprend aussitôt des travaux pharaoniques : terrassement, dégagement du pont-levis, ouvertures de baies vitrées, huit chambres, et, luxe inouï, une salle de bains. Pendant trois décennies, l'actrice va en faire sa résidence d'été.

Portrait de Sarah Bernhardt par Nadar.

Le phare des Poulains est une tour carrée de 18 m de hauteur. Son électricité est produite par un toit photovoltaïque.

Belle-Ile est la gardienne avancée d'une côte très fréquentée entre Quiberon et Le Croisic. Pour contrôler ce littoral particulièrement risqué et semée de dangers, on a installé trois phares sur l'île bretonne : les Poulains, à l'extrémité ouest ; Goulphar sur un plateau du nord-ouest et Kerdonis à l'extrémité est. Aujourd'hui, tous ces phares sont automatisés.

Appelé aussi Grand Phare, le phare de Goulphar abrite également une station de contrôle.

Le phare de Goulphar a été élevé de 1824 à 1834 selon les plans d'Augustin Fresnel.

Le feu d'entrée du port de Palais.

Le phare des Poulains est planté au centre d'un îlot relié à la terre ferme par un cordon de sable et de galets qui est submergé à marée haute.

Les phares

Planté dans un bouquet de résineux, le phare de Kerdonis a profité de la falaise pour ne pas avoir à se hisser trop haut.

Par beau temps, **la plage de Kerledan est un petit paradis.**

Les plages sauvages

A la plage de Port-Donnant,
la baignade est très dangereuse à cause des rouleaux déferlants et des rochers.

Cachée derrière des dunes,
la plage de Port-Donnant.

La plage ramassée d'Herlin flanquée en son milieu d'un éperon rocheux.

Des plages de rêve, une mer transparente et des eaux fraîches sont autant d'attraits pour la baignade. Mais, si elle peut être pratiquée sur la plupart des plages de la côte sauvage, la prudence est partout de rigueur : accès dangereux, état de la mer et de la météo, courants violents ou sables mouvants. Bien se renseigner est le début de la sagesse.

La crique sablonneuse de Paluden est cernée par un tapis de dunes herbeuses.

En face de Borderun, l'île Er Hastellic est à peine détachée du littoral.

La pointe de Pouldon protège l'entrée d'un port naturel.

L'île de Bangor, un gros rocher décroché de la côte.

La pointe du Skeul dans son enchevêtrement de rochers battus par les vagues.

Côte Ouest, un des magnifiques paysages.

La côte sauvage

La côte du sud et de l'ouest de Belle-Ile est un long chapelet de rochers ponctués par des criques étroites. Par beau temps, toute la côte se découpe finement ; les jours de tempête, les déchaînements de la mer offrent un spectacle grandiose. Par endroits, la furie du sel et de l'eau transforme la pierre en curieuse sculpture comme la Roche du Pilor, une « cheminée de fée » façonnée par des siècles d'érosion.

Les rochers de la pointe Er Tal à l'extrémité nord-est de l'île.

Entre Quiberon et Belle-Ile, l'île d'Houat est une lande fauve longue et étroite, dressée sur des hautes falaises granitiques. Elle abrite un joli village de pêcheurs en aplomb d'un petit port à qui saint Gildas a laissé son nom après une vie exemplaire sur l'île au vie siècle. Longée par un sentier pédestre, la côte distille de belles plages de sable blanc. Son calme en fait la halte de nombreux oiseaux migrateurs.

La côte sud-ouest armée de rochers austères.

La plage de Treach Ar Feuntan (les fontaines) surplombée par le bourg.

La plage de Treach Ar Salus sur le rivage sud d'Houat.

Le bourg vu de la pointe Er Tal.

Houat *le* *« canard »*

En 1848, la fortification de l'île s'achève avec la construction d'un fort central, dit fort Vauban.

Pendant la guerre
de 1914-1918, le fort
servira à héberger
des prisonniers
allemands qui participeront
à la construction
du port d'Er Beg.

Le Bourg. Alphonse Daudet le comparait à un douar africain.

A Houat, la plupart des hommes sont pêcheurs. On compte actuellement un armement d'une vingtaine bateaux, mais les marins sont contraints de diversifier leur activité pour pallier la réduction des ressources naturelles. L'île cultive aussi la terre et a découvert « l'or des baigneurs », ces nouveaux touristes séduits par une incroyable douceur de vivre.

Empilement de casiers à homard sur les quais du port.

Départ à bord d'un chalutier. La pêche se fait à la ligne ou au casier.

Posé sur la lande, **un sanctuaire surmonté d'une croix.**

Hoëdic est l'un des sommets de la chaîne sous-marine qui relie Quiberon au Croisic. Un plateau de 209 ha de granit emmailloté de sable. La légende veut que saint Goustan, un ancien pirate devenu moine, s'installât ici au retour de Jérusalem. La recette du bonheur est la même qu'à Houat, sa voisine : une lande parfumée d'essences sauvages et quelques jolies plages de sable blanc.

De petites anses de sable cernées par les rochers sur la côte est de l'île.

L'église de Saint-Goustan abrite des ex-voto marins, témoignages de reconnaissance des pêcheurs.

Jouxtant le village, le fort d'Hoëdic construit en 1859, est aujourd'hui la propriété du Conservatoire du littoral.

Hœdic « *Le Caneton* »

Pour la joie des botanistes, la flore sauvage est d'une diversité infinie.

Les oiseaux des îles de la Bretagne

Sur les landes

1

(1) Cormoran huppé, *Phalacrocorax aristoletis* (L. 63-80 ; E. 90-105). Plus petit que le grand cormoran, avec notamment un bec plus fin et une tête moins épaisse, il se distingue par un plumage uniformément noir-vert et une courte huppe dressée (quelques semaines par an). Vit en colonie sur les falaises maritimes et les éboulis de rocher. Comme dans toute la Bretagne, les îles assistent à l'explosion démographique de cette espèce. Hivernant et migrateur.

2

(2) Goéland argenté, *Larus argentatus* (L. 55-68 ; E. 130-160). Le goéland le plus commun du littoral atlantique. Manteau gris bleuâtre, plage noire à l'extrémité des ailes, pattes roses. Dans la plupart des régions maritimes, l'augmentation de sa population pose des problèmes pour les autres espèces nicheuses. Migrateur, hivernant et nicheur.

3

(3) Fou de Bassan, *Sula bassana* (L. 90 ; E. 165-182). Le plus grand des oiseaux marins des côtes françaises. Plumage blanc, queue noire et pointue, dessus de la tête et nuque jaune orangé, pattes palmées noires. Voilier saisissant, il pêche en mer en effectuant des piqués spectaculaires. Niche sur les corniches des falaises. Fréquente parfois les eaux belliloises entre mars et octobre.

4

(4) Goéland marin, *Larus marinus* (L. 64-76 ; E. 150-165). Le plus gros des goélands. Manteau noir, pattes rose violacé, bec (légèrement plus massif) et ailes identiques à ceux du goéland brun. Écumeur et rapace. Si on le trouve à l'intérieur des terres en hiver, son habitat naturel reste les côtes et les estuaires. Migrateur, hivernant et nicheur.

5

(5) Goéland brun, *Larus afia* (L. 50-60 ; E. 135-155). Aspect du mâle adulte : manteau noir ardoise, pattes jaunes, pointe des ailes noire avec des taches blanches, bec massif jaune avec une tache orange. Les jeunes ont un plumage tacheté de brun, un bec noir et des pattes roses. Habitat : fréquent en haute mer. Niche en nombre dans la réserve de Koh-Kastell à Belle-Ile-en-Mer.

et les falaises maritimes

7

6

(6) **Huîtrier-pie**, *Haematopus ostralegus* (L. 40-45 ; E. 75-80). Il porte bien mal son nom puisqu'il se nourrit de coques, de moules et de vers. Surnom : « pie de mer » en raison de son plumage noir et blanc. Long bec rouge et pattes roses. Affectionne les plages, les îles et les estuaires. Depuis quelques années le nombre d'individus, qui était en chute libre – une dizaine de couples –, serait en progression dans plusieurs îles.

(7) **Mouette rieuse**, *Larus ridibundus* (L. 37-42 ; E. 96-110). L'espèce la plus commune et la plus robuste. Plumage nuptial : calotte brun chocolat, dos gris pâle, dessous blanc pur, extrémités des ailes noires, bec vermillon, pattes rouges. Cris bruyants et rauques. Elle niche en colonie dans les landes.

8

(8) **Mouette tridactyle**, *Rissa tridactyla* (L. 37-40 ; E. 96-110). Pattes noires, bec jaune, ailes grises avec pointes noires. De même taille que le goéland cendré, elle est plus légère. Cette espèce de haute mer se nourrit à la surface de l'eau ou en plongée. Bien protégés, ses effectifs augmentent régulièrement : plusieurs centaines de couples dans les îles bretonnes.

9

En vol (9) **Grand corbeau**, *Corvus corax* (L. 62 ; E. 117-130). Le plus grand corvidé d'Europe. Plumage noir et vol puissant, on le distingue des corneilles par sa taille plus imposante, son bec noir et massif ainsi que par son plumage hérissé autour de la gorge. La plupart du temps, ils nichent dans les rochers des côtes sauvages.

Les oiseaux des îles de la Bretagne

1

(1) **Aigrette garzette**, *Egretta garzetta* (L. 50-65 ; E. 85-105). Petit héron au plumage blanc pur, bec noir long et mince, pattes noires, doigts jaunes. Présence chez les adultes d'une belle huppe retombante en été. En vol, on observe un net renflement du cou. Originaire de la Méditerranée, cet échassier est le plus commun des zones humides. Fréquente notamment la ria de Sauzon. Sédentaire et nicheur.

(2) mâle (3) femelle **Canard colvert**, *Anas Platyrhynchos* (L. 50-60 ; E. 80-85). Le mâle a la tête et le cou verts, un petit collier blanc surmonte sa poitrine, corps gris, queue blanc et noir. Le plumage de la femelle est brun tacheté, queue blanche et bec orangé. Habitat : les étendues d'eau mais aussi les fossés et les terres cultivées ; présent en hiver sur les estuaires et les côtes. Migrateur, nicheur et hivernant.

4

(4) Femelle **Busard des roseaux**, *Circus aeruginosus* (L. 45-55 ; E. 110-125). Plus grand et plus massif que la plupart des busards. L'unique rapace tricolore : noir, brun, gris. Dessous brun-roux. Vol bas d'exploration avec les ailes relevées en « V ». Chasse en plongeant dans les roseaux. Niche dans les marais au milieu des roseaux. Profite en général du couvert végétal. Nicheur, sédentaire et migrateur.

5

(5) **Chevalier gambette**, *Tringa Totanus* (L. 27 ; E. 45-55). Élégant et élancé. Bec plutôt long et mince, rouge à pointe noire, longues pattes rouge orangé. En vol on le distingue par une bande blanche en arrière de l'aile. Cris stridents à l'envol. Cet oiseau très méfiant niche dans les friches. Migrateur, estivant et parfois hivernant.

2 3

Dans les zones humides et les plans d'eau

6

7

8

9

(6) Martin-pêcheur, *Alcedo Atthis* (L. 16-18 ; E. 24-28). Dessus bleu et vert métallique, tacheté de blanc sur la tête ; dessous et joues roux, long bec effilé noir. Vol stationnaire avant de plonger pour pêcher (petits poissons et insectes). Sifflet aigu et prolongé. Niche dans un terrier creusé dans les berges. Présent en hiver dans les zones humides.

(7) Hibou des Marais, *Asio flammeus* (L. 37 ; E. 90-110). Le plus diurne des rapaces nocturnes chasse les rongeurs au crépuscule, voire en plein jour sur terrain découvert. Disque facial en forme de cœur, yeux cernés de noir, iris jaune d'or, plumage jaunâtre tacheté. Niche dans les roseaux des marais ou à terre dans la lande. Peut être confondu avec le hibou moyen-duc.

(8) Râle d'eau, *Rallus aquaticus* (L. 23-27 ; E. 38-45). Long bec rouge, dessus brun-vert tacheté de noir, poitrine gris ardoise, sous-caudales blanches, pattes jaunâtres, queue dressée en permanence. Cet oiseau inquiet et nerveux vit dans les roseaux au bord des étangs. Cris durs et répétés souvent la nuit. Nicheur et migrateur.

(9) Héron cendré, *Ardea afiai* (L. 95-105 ; E. 175-190). Long bec jaune, ailes grises, tête et cou blancs marqués par une bande noire de l'œil à la huppe. Vol puissant. Se nourrit de poissons et de rongeurs. Pousse des cris graves et gutturaux avec claquements de bec pendant la nidification. Il niche en colonie dans les arbres élevés.

10

(10) Poule d'eau, *Gallinula chloropus* (L. 32 ; E. 50-55). Gros oiseau noirâtre plus petit que la foulque. Bec rouge à pointe jaune et plaque frontale rouge, pattes vertes avec jarretière rouge, lignes blanches sur les flancs. Craintif, il décolle difficilement en courant longuement à la surface de l'eau et vole bas. Fait son nid au bord des plans d'eau dans les buissons ou les roseaux. Nicheur sédentaire.

LA MANCHE
0 25 50
Sept-Îles
Pointe du Château
Île de Bréhat
Île de Batz
Roscoff
Pointe de Bloscon
Lannion
Paimpol
GOLFE DE SAINT-MALO
Île d'Ouessant
Pointe du Grouin
Cap Fréhel
Baie du Mont-Saint-Michel
Morlaix
Baie de Saint-Brieuc
Guingamp
Saint-Malo
Pointe de Corsen
Île de Molène
Le Conquet
Brest
Elorn
Aulne
Trieux
Rance
Saint-Brieuc
Île de Béniguet
Pointe St-Mathieu
Dinan
FINISTÈRE
CÔTES-D'ARMOR
Pointe du Pen-Hir
ILLE-ET-VILAINE
Cap de la Chèvre
Baie de Douarnenez
Châteaulin
Foug
Pointe du Raz
Île de Sein
Audierne
Blavet
Pontivy
Quimper
Odet
Baie d'Audierne
RENNES
Bénodet
Beg-Meil
Port-la-Forêt
Loctudy
Concarneau
MORBIHAN
Pointe de Penmarc'h
Scorff
Vilaine
Pointe de Trévignon
Îles de Glénan
Lorient
Île aux Moines
OCÉAN ATLANTIQUE
Port-Blanc
Vannes
Île de Groix
Larmor-Baden
Conleau
Golfe du Morbihan
Île d'Arz
Redon
Île Gavrinis
Port-Navalo
LOIRE-ATLANTIQUE
Quiberon
Pointe du Conguel
Île de Houat
L'Erdre
Île de Hoëdic
Saint-Nazaire
Belle-Île
Pointe du Croisic
Loir
NANTES
Pointe de St-Gildas
Île de Noirmoutier

Table des matières

Éditeur : Henri Bancaud
Coordination éditoriale : Caroline Brou
Conception graphique et mise en page :
studio graphique des Éditions Ouest-France
Photogravure : Nord Compo, Villeneuve d'Ascq (59)
Impression : Mame Imprimeurs, Tours (37)

Édilarge SA, Rennes
I.S.B.N. : 978-2-7373-4044-4
N° d'éditeur : 5232.02.01.04.10
Dépôt légal : mai 2006
Imprimé en France.

www.editionsouestfrance.fr